EL JUEGO MÁS IMPORTANTE DE TU VIDA

JUEGO DEL PODER

Más te vale conocer las reglas, porque ahora, te toca tirar

Jesús A. Jiménez González

El juego del poder

Índice

Cubierta

Portadilla

Introducción

    El juego del poder

Capítulo 1

    Poder represivo y Poder normalizador

Capítulo 2

    No hay poder sin jerarquía

Capítulo 3

    Nadie gobierna solo

Capítulo 4

    El poder siempre busca un balance

Capítulo 5

    Nada es gratis

Capítulo 6

    No existe el poder aislado

Capítulo 7

    Nadie está en control

Introducción

El juego del poder

Vamos a jugar un juego. Se llama Poder; el objetivo es muy simple: hacer que otras personas cumplan tu voluntad, ¡¿qué?! ¡¿No quieres jugar?! Nadie te culpa. Es un juego terrible. La mala noticia es que, ya estás jugando, varias partidas y todos los días te toca tirar.

Antes de empezar a jugar debes tener en cuenta dos cosas:

1) Las reglas son universales: El Todo es mente; el universo es mental. El Todo es el conjunto totalizador. Nada hay fuera del Todo.
2) Las reglas son en correspondencia: Como es arriba, es abajo; como es abajo, es arriba. Axioma que afirma que este principio se manifiesta en los tres Grandes Planos: el Físico, el Mental y el Espiritual.

Espera ¡¿Cómo?! ¿No te sabes las reglas? Es normal. Por eso, los noticieros están llenos de señores confundidos que nos cuentan historias y juicios morales, fraudes en grandes corporaciones, esquemas piramidales para estafar a la gente, gigantes movimientos de corrupción hechos por gobernantes de diferentes naciones. Esto lo hacen porque es su trabajo informar lo que está ocurriendo en el mundo. Inconvenientemente, ellos tampoco entienden lo que está ocurriendo en el mundo. ¡¿Y cómo podrían?! Si incluso personajes como Aristóteles, Montesquieu, Platón, Carl Marx, Nicolás Maquiavelo,

Rousseau, que entendían un poco más, trataron descifrar las reglas del juego, enfocando su trabajo y su esfuerzo en grandes preguntas como: ¿cuál es la naturaleza del hombre? ¿Cómo debería ser el gobierno ideal? Sin embargo, el ejercicio del poder, prácticamente nunca tiene nada que ver con lo ideal y lo hipotético, por lo general, se trata de lo inmediato, lo real. Por eso, cuando alguien te hable de dictaduras y democracias, en realidad te habla de dos estilos de juego distintos, con una cosa en común: ambos están sujetas a las mismas reglas, el gobernante que no siga ciertas reglas, no gobierna por mucho tiempo.

Si queremos comprender como funciona el gobierno, los negocios familiares, grandes corporaciones, instituciones privadas y públicas o cualquier esquema de la jerarquía humana debemos pensar en las acciones e intereses de ciertas personas en el poder.

Las naciones no tienen intereses, las personas sí y muy pocas veces se trata del interés nacional. Por ejemplo; cuando Barack Obama retiró las tropas de Afganistán sin un plan de reconstrucción lo hizo principalmente para mantener su base electoral contenta. Creó un hueco de poder donde se creó ISIS, pero ganó la reelección.

Cuando John F. Kennedy apresuró maniobras sobre la crisis de misiles en Cuba, lo hizo porque sabía que si no actuaba, iba a estar muy mal parado durante la reelección. Y sí, puso en riesgo la existencia de la humanidad entera, aun así, hizo lo que creyó necesario para mantener el poder.

Las reglas del poder trascienden cualquier ley humana, porque en política como en la vida, todos tenemos deseos y obstáculos a los que nos enfrentamos para conseguir nuestros fines y como ya decía un tipo en la historia llamado Maquiavelo: "el fin, justifica los medios".

Las leyes están hechas para limitar nuestras acciones, dirigir nuestro comportamiento, nada sino solo otra herramienta del poder. La diferencia entre la gente con poder y sin poder, es que la gente con poder puede diseñar las leyes para obtener lo que quiere. Para ti es esencial comprender sus deseos y obstáculos, porque puede ayudarte a comprender las reglas de este juego que va más allá del bien y el mal, auxiliándote a entender porque a menudo las malas acciones son buena política.

1

Existen dos tipos de poder, el represivo y el normalizador

El poder represivo es débil, lo ejercen los individuos y actúa en contra de la voluntad de sus súbditos. El segundo es fuerte, nadie lo ejerce, por otro lado a través de él, todo se hace.

Imagina, un cuarto con cien personas. Cinco de ellas tienen ametralladoras, ¿quién tiene el poder? Exacto, el que les paga. O como dijeran lo atenienses en la Isla de Melos días antes de masacrarlos a todos, "El fuerte hace lo que quiere y el débil soporta lo que debe." Porque éstas noventa y cuatro personas obedecen bajo la amenaza de violencia, actúan bajo poder represivo, éstas cinco actúan bajo voluntad propia, pero siempre de acuerdo a la realidad que su sociedad les impone y no hay poder más grande que la sociedad, el poder represivo siempre se doblega ante el poder normalizador.

2

No hay poder sin jerarquía

Pero ¿por qué? ¿Por qué no podemos existir todos como iguales? Simple, porque no somos iguales, porque vivimos en sociedad y tenemos que desarrollar cosas en la misma. Por ende, cada vez que nos organizamos para hacer cosas que producen valor, unos serán mejores que otros.

Conforme las necesidades que las actividades para el desarrollo de la comunidad o sociedad lo requieran, poco a poco se irá construyendo una jerarquía dentro de la organización. Idealmente la jerarquía será determinada por competencia, por habilidad individual y lo que se le pueda contribuir al objetivo y éxito del grupo. Sin embargo, en política nada es ideal, hay muchos caminos para llegar a la cima de la jerarquía, y llegar al tope es el objetivo del juego.

El poder como dijo George Owen "no es un medio, es un fin. Uno no establece una dictadura para salvaguardar una revolución; uno hace la revolución para establecer la dictadura. El objetivo de la persecución, es la persecución. El objetivo de la opresión, es la opresión. El objetivo del poder, es el poder." Encantador.

Estos caminos hacia la cima de la jerarquía serán determinados por la naturaleza de la sociedad que gobierna y la naturaleza de la sociedad está determinada por tres factores: Recursos, Interdependencia y Estrategias de salida.

Por ejemplo; los chimpancés y los bonobos, son lo más parecido que hay al ser humano en la naturaleza y son tan similares entre ellos que comparten el noventa y ocho por ciento del código genético, aunque son prácticamente el mismo animal, sus jerarquías de poder son muy distintas.

Los chimpancés son peores que humanos tienen guerras, son agresivos, egoístas y tienen rígidas estructuras sociales y escaleras jerárquicas donde el único modo de escalar es a través de la violencia.

Los bonobos, son simios hippies, que viven en sociedades matriarcales, más o menos igualitarias, usan el sexo como moneda de cambio y casi nunca tienen peleas.

La diferencia más básica entre estos dos simios es que los chimpancés viven al norte del río Congo y los bonobos al sur. En el norte hay gorilas, como los gorilas son más grandes y fuertes que los chimpancés son los primeros en tomar la mejor comida, así que los chimpancés deben arreglárselas para sobrevivir en un ambiente hostil y con pocos recursos. Los bonobos en cambio no deben competir con gorilas y como viven en abundancia tampoco compiten entre ellos, al menos, no por comida. Por lo tanto, tienen más tiempo para actividades sociales y descubrir su lugar en la tribu.

Entre los chimpancés la interdependencia es muy baja, todos salen solos a buscar comida para no compartir lo poco que encuentran. Los bonobos no tienen problema para encontrar comida, pero para encontrar el sitio que les pertenece dentro de la tribu sí y este depende de su reputación entre otros bonobos, así que la interdependencia es alta, pero si un bonobo de pronto decide, que ya se cansó de sus amigos, es muy fácil salir buscando otro grupo de bonobos. Los chimpancés no tienen una estrategia de salida tan fácil, pues están rodeados de gorilas y otros grupos de chimpancés hostiles, por lo tanto, si un chimpancé está atado al fondo de una jerarquía de poder dominada por un simio violento, pues no le queda más que aguantarse.

Cuando los recursos son escasos: habrá más competencia, menos interdependencia y una estrategia de salida más difícil, lo que dará una estructura social vertical y con una jerarquía más rígida donde solo la violencia puede afectar al poder.

Cuando los recursos son abundantes: habrá más colaboración, más interdependencia y una estrategia de salida más fácil, lo que dará forma una jerarquía social más horizontal donde la jerarquía es más fluida y depende más de la reputación.

¿Y todo esto que tiene que ver con la navidad? Pues, las jerarquías del ser humano funcionan bastante parecido. Mira lo que sucedió tras la gran depresión en Estados Unidos y Alemania, donde ambas naciones y sociedades cayeron en un estado de escases. Franklin Roosevelt ordenó un plan económico de redistribución de la riqueza, al que llamó "New deal" con impuestos a los ricos y más oportunidades a los pobres alivio el descontento social y mantuvo estable la economía norteamericana.

Alemania, no tuvo "New deal" lo que llevó a la gente a protegerse detrás de un líder fuerte que les prometió aliviar la escases y la desigualdad. No sé si hayas escuchado hablar de él, era un tipo llamado Adolf, pero que no te engañe con su pose de líder totalitario porque como dice la regla número tres:

3

Nadie gobierna solo. Nadie.

No importa si eres un monarca, no importa si eres un dictador, no importa si eres un presidente, no importa si eres jefe de familia o un CEO, no importa si eres Luis XIV de Francia quien dijo "L'etat c'est moi": El Estado soy yo, porque nadie gobierna solo, por lo tanto el poder no es monolítico.

Luis XIV no podía cobrar impuestos, ni pelear batallas, ni construir obras públicas. Su único poder era dar órdenes a los nobles, que a su vez daban órdenes a los caballeros, a los ingenieros y a los soldados que cumplieran la voluntad del rey. Aspirantes a líderes políticos se pueden dividir en tres grupos de personas:

a) Selectorado nominal: que incluye a toda persona que tenga al menos algún papel legal en la elección del líder.
b) Selectorado real: el grupo que realmente decide quién es el líder
c) Coalición ganadora: el subconjunto del selectorado real que constituye el núcleo duro de dicha coalición ganadora.

Esto significa que el poder es un juego en equipo en el que puedes ocupar una de cuatro posiciones.

I) El Rey, dictador, presidente, cónsul, jefe de familia, CEO, como le quieras llamar, es el ganador temporal del juego y su premio es tomar decisiones.

II) Esenciales, esta es la gente que el rey necesita para que su voluntad se cumpla y mantener el poder. En una monarquía son unos cuantos nobles, en una dictadura apenas un puñado de burócratas y en una democracia se trata del gabinete, encargado de coordinar la operación del aparato político. Estos individuos son parte de un grupo más grande de jugadores que llamaremos -los influyentes-.

III) Influyentes, estos sujetos cuya opinión realmente importa para alcanzar y mantener el poder. En Arabia Saudita, una monarquía, estos son los nobles y miembros de la familia real. En china son los miembros del partido comunista chino. En una democracia ideal, sería la mayoría, mitad de la población más uno. Pero, como ya te lo dije, en política, no hay nada ideal, por eso los influyentes son una pequeña porción de un grupo más grande, los intercambiables.

IV) Los intercambiables, la población en general, el electorado, todo aquel que en teoría puede participar en las decisiones de su estructura, pero no tiene más poder que su voto. En una empresa como Amazon, estos son aquellos que al menos tengan una de las cuatrocientas ochenta y cuatro millones de acciones de la compañía. En la unión soviética, estos eran los millones y millones de electores que, si bien no podían votar entre varios candidatos podían votar sí o no a la elección de su nuevo líder supremo.

A menudo, nos gusta hablar de dictaduras y democracias, pero no hay dos dictaduras idénticas ni dos democracias iguales, ni dos corporaciones iguales, ni dos familias iguales, ni dos grupos de amigos iguales, porque todas las estructuras de poder, desde grandes empresas, hasta la redacción de un periódico, son impuestas y moldeadas por las necesidades que las proporciones entre los tres primeros grupos les imponen.

El rey depende de sus esenciales, que a su vez dependen de los influyentes, que a su vez dependen de los intercambiables. El rey puede ignorar las demandas de los intercambiables, pero, solo por poco tiempo.

4

El poder siempre busca un balance

Si construyes una estructura con mucho peso en la cabeza y poco en la base, se caerá al primer temblor. Sin embargo, hay estructuras que llevan más de cinco mil años, porque contienen una base sólida. El poder, funciona igual.

Por ejemplo, en México, en el periodo de 2012-2018, el presidente dependía de cientos de esenciales y miles influyentes y mediante sindicalismo y compra de votos redujo su población de intercambiables a casi la misma proporción y en casi seis años el Partido Revolución Institucional pasó de ser la fuerza política más grande del país a un triste puñado de señores que nadie quiere escuchar ni ver en cámaras.

Como resultado se produjo un vacante en el poder y un vacío entre las esferas sociales, trayendo nuevo ricos y nuevos pobres. Nuevos líderes, nuevos esenciales, nuevos influencers y nuevos intercambiables

Mira lo que está haciendo Xi Jinping, presidente de china, ni siquiera tiene elecciones, las abolió. ¿Cómo le hizo? Pues con una estructura bien balanceada. Cuando llegó al poder, venían de una época que se le llama mundialmente como crisis económica, que no es más que una crisis política, lo cual significa que no hay suficientes recursos para mantener contentos a tus esenciales, por lo tanto los influencers se desaniman y pueden voltear a otro lado y ver quién les ofrece más a sus intereses. Este señor, se inventó una campaña anti-corrupción donde se deshizo de toda la gente en la cima que no le era leal o indispensable, así que ahora, para mantenerse en el poder, solo necesita la lealtad de unos cuantos esenciales, que a su vez dependen de unos cuantos influyentes que controlan el destino de mil trescientos noventa y cinco millones de habitantes en China.

Al depender de pocos esenciales, no tiene problemas balanceando sus intereses individuales y si uno de ellos le da más problemas de los necesarios, Xi siempre puede voltear abajo y decir: ¿sabes cuantos miles matarían por tu puesto? Y un nivel abajo, cada uno de sus esenciales se encuentra en la misma situación. Perfecto balance.

Gracias a eso, en 2018 Xi Jinping tuvo la seguridad de proponer a su jerarquía: - oigan chavos, ¿si abolimos las elecciones y me hacen presidente de por vida? Y cada uno de ellos, alineados al balance de poder y protegiendo sus intereses personales dijeron que sí.

Mira los gobiernos más longevos y te encontrarás con una jerarquía parecida, mira los más inestables y... pues lo mismo. La palabra clave es Lealtad. Todo el poder individual depende antes que nada de la lealtad de sus súbditos y ¿de qué depende esta lealtad? Me lleva a explicarte que…

5

Nada es gratis

"Lo que importa aquí es el dinero. Un líder necesita dinero, oro y diamantes para operar sus cien castillos, alimentar sus mil mujeres, comprar carros para sus millones de lame botas, reforzar la lealtad de las fuerzas militares y aún tener un poco para depositaren sus cuentas de banco suizas." –Mobuto sese seko dictador de la Rep. de Zaire.

Sí, era un brutal y despreciable dictador, pero no se equivoca. Un gobierno sin fondos, no podría funcionar. ¿De dónde vienen esos fondos? Idealmente, -recuerda, en política nada es ideal - vienen de los impuestos, de la productividad de los intercambiables.

Los impuestos son complicados, porque nadie quiere pagar impuestos. La gente trabaja más duro para poner dinero en sus propios bolsillos que en los del rey. Cóbrales mucho y no trabajarán nada, cóbrales poco y trabajarán mucho, pero no para ti. Estás entre una gran rebanada de un pastel muy chico y unas migajas de un pastel muy grande, en algún punto entre estas dos opciones existe una proporción de impuestos ideal, ¿Qué es más ideal? No depender de los intercambiables.

Por ejemplo, si una empresa constructora brasileña te ofrece recursos económicos con los que no contabas, podrás recompensar mejor la lealtad de tus esenciales, además en el momento que uno de ellos quiera traicionarte, puedes enjuiciarlo por los actos de corrupción que tú hiciste posibles. Pregúntenle a Vladimir Putin cómo mantiene tan felices a sus esenciales y qué le pasó a Mijaíl Jodorkovsky.

Otra forma de enriquecerte sin la ayuda de la gente, es pedir prestado. Puedes pedir tanto como estén dispuestos a prestarte y no vas a pagar tú, ni tus esenciales, la pagarán los ciudadanos, eso si la pagan. Cuando heredas una deuda, puedes no pagar y ya. ¿Qué van hacer, invadirte? Antonio López de Santa Ana, un bribón y dictador mexicano le pidió prestado a quien se dejó y cuando Benito Juárez le quitó el poder, tuvo que decirle a las potencias Europeas dos noticias, una buena y una mala. La buena, te la debo y la mala, no te voy a pagar. España e Inglaterra dijeron, oh! Está bien. Francia invadió, impuso un emperador de nombre Maximiliano y barbas chistosas, luego terminó retirándose porque acabó gastando más de lo que habría recuperado.

Es más, si tienes suerte un tecnócrata extranjero dirá: - este país no puede seguir sufriendo, para acabar con la pobreza debemos perdonar su deuda-. Bien, así le hizo Mengistu Haile, cuando en 1999 le rogó a las naciones unidas que le dejaran luchar por el avance y el progreso de Etiopía. La deuda de Etiopía fue perdonada, ¿Qué hizo Mengistu? ¡Siguió acumulando deuda!

¿Sabes que es más ideal? No depender de nadie, sacar tu riqueza directamente del suelo. Así es como unos cuantos ladrones en todo el mundo han sido bendecidos. Sus países en cambio, están malditos, por la maldición de los recursos naturales. ¿Qué tienen en común Birmania, Arabia Saudita y la República democrática del Congo? Poblaciones pequeñas y muchos recursos naturales. Cuando tienes la riqueza en el suelo, no hay que invertir en la productividad de la gente, en su educación o en su salud, basta con pagarles alguna compañía extranjera extraiga los recursos y los venda en el mercado internacional.

Ahora que averiguaste como explotar la mayor cantidad de los recursos de tu población, el segundo paso es repartrla, nunca quedártela. Como líder es más importante controlar quien come que tener la rebanada más grande del pastel.

El flujo de dinero más efectivo para asegurar el poder es aquel que haga a la mayoría de la gente pobre y a tus pocos esenciales ricos. "Trickle down economics" aprende de Julio César, todo un reformador. Se dio cuenta que la desigualdad en Roma era insostenible así que regaló tierras a los veteranos, perdonó deuda a los pobres y reformó el sistema de impuestos para cobrar menos a los campesinos. ¡Grave error! Esas tierras, deudas e impuestos enriquecían a los miembros más importantes del senado. Julio César tomó riqueza de los bolsillos de sus esenciales para repartirlas con el pueblo y terminó con las dagas de sus esenciales por todo el cuerpo.

Pensarás; está bien, pero eso pasa en países totalitarios y yo vivo en una democracia con elecciones y tienes razón... más o menos. Con la estructura de la jerarquía cambia el estilo de vida. De acuerdo a transparencia internacional, los veinticinco países más corruptos del mundo son dictaduras y solo un par podría ser considerarse como democracia. ¡Ey México, que sorpresa verte por ahí!

Esto no es porque los demócratas sean héroes y los dictadores villanos, si no, porque en una jerarquía corta, el modo más efectivo de comprar lealtad es a través de recompensas directas, pero si debes repartir el mismo botín entre más gente y entre la gente que los llevó al poder, una recompensa directa ya no resulta tan apetecible. La mejor estrategia en una jerarquía amplia, es invertir este recurso en políticas públicas que beneficien a mucha gente al corto plazo.

La vida en las democracias es mejor que en las dictaduras porque el poder depende de un porcentaje mayor de la población.

Como la población en las jerarquías amplias tiene acceso a más bienes públicos, tales como educación, transporte y salud, suelen ser más productivos. Dando como resultado, una economía mejor y si cada ciudadano es más productivo los impuestos deben ser relativamente menores, el gobierno puede recabar una rebanada más chica de un pastel más grande y aun así recabar más dinero.

Todavía, las reglas son las mismas, Los líderes de las llamadas: naciones democráticas, igual que reyes, tiranos y dictadores quieren el poder y mantenerlo, solo tuvieron la mala suerte de jugar en una jerarquía más amplia, con muchos esenciales y mucho influyentes.

Cuando unos hablan de libre mercado y los otros de justicia social ambas suenan muy noble, pero cada quien está cuidando a un nicho de votantes al que está recompensando. Por un lado, tienes a los que quieren extraer impuestos de los ricos mientras incrementan productividad a través de bienes públicos y apoyos directos para los pobres, que generalmente son mayoría. Los otros, quieren extraer más recursos de los pobres mientras bajan impuestos a los ricos, los dejan privatizar bienes públicos para recompensar a la clase media, que generalmente decide las elecciones.

Los subsidios y recortes de impuestos y programas públicos son recompensas privadas también, no para individuos, no para los sectores de la población que votan por ellos. Estos programas se convierten en recompensas directas para los esenciales e influyentes.

Ahora imagina. ¿Qué tal que tuvieras más de dos partidos? Necesitarías aún menos votantes para ganar la elección, haría tu base de influyentes más pequeña, manejable y a tu poder más seguro. ¿Y qué tal que tuvieran un operador político en vez de votos individuales, cambiando votos por despensas o un líder sindical que puede asegurarte el voto de sus agremiados?

Entonces, los influyentes ya no son los ciudadanos, son los operadores políticos y son mucho menos. Y si cuentas con recursos naturales, corrupción y deuda para recompensar directamente a una clase política pequeña que te asegure el voto de la gente en cada elección.

Comienzas a pensar, ¿Cuál es la diferencia entre un demócrata y un dictador? La principal diferencia está en su función. Las dictaduras y monarquías tienen líderes, las democracias tienen servidores públicos, contratados con tus impuestos para pagar su sueldos y manejar una pequeñísima fracción del aparato político de tu país, si algún día este servidor público se le olvida su lugar, un día crees que deja de velar por tus intereses para ver por los suyos, siempre puedes cantarles la canción de la guillotina que dice: "aliméntame con tus reyes y reinas que yo escupiré al suelo sus coronas sangrientas." No literalmente, claro.

La otra gran diferencia es que el poder cambia de manos en cada elección y si lo importante es el resultado a corto plazo, entonces que importa las consecuencias a largo plazo. En Estados Unidos el gobierno dura cuatro años, ocho, en el peor de los casos. Por eso, no importa destruir el medio ambiente, alimentar el odio entre clases sociales, desmantelar instituciones, empoderar oligarcas y endeudar al país. Quiero decir, sí importa, las consecuencias a largo plazo serán terribles, pero, esa es bronca del siguiente presidente. Cuando el partido rival se rasga las vestiduras porque –están empeñando el futuro de nuestros hijos- en realidad se lamentan que no tuvieron esa idea primero. Y sí, quizá los votantes se sienten culpables por el mundo que le están dejando a sus hijos, por las políticas auto-destructivas que hoy disfrutan, comprar gasolina barata, llenar el océano de plástico, pero a ver… voten en contra, con amigos así, quién necesita enemigos.

6

No existe el poder aislado

En un planeta tan pequeño con una comunicación tan rápida, no existe el poder aislado. El director de una pequeña empresa, es el rey de su pequeña jerarquía, igual debe de obedecer a las leyes del municipio, que a su vez obedecen leyes del estado, mismas que obedecen leyes del país en el que opera. No olvides que el mundo vive dentro de un imperio (EE.UU.) Así que muchas leyes, estarán dictadas por el líder del imperio, para satisfacer las necesidades de sus propios esenciales, y si no, mira lo que les pasa a los países que se niegan a doblar la rodilla; Irak, Cuba, Venezuela, etc. Por un lado, sí, será muy difícil mantener la economía estable con las sanciones comerciales de EE.UU. por el otro lado, si llegaste al poder con el argumento e idea de rechazar el imperio, será mucho más difícil mantener el poder cuando tus esenciales pierdan el apoyo de tus propios influyentes.

¡Demonios! ¿Qué hacer? Una opción para seguir comprando la lealtad de sus esenciales, es insertarse en una nueva esfera económica. Mira que suerte tienen los feos... con las reservas de petróleo más grandes de este lado del mundo. ¡Oye! esto provocará un interés en el líder del imperio para ahorcar aún más la economía, con la esperanza de desestabilizar el gobierno e instalar su propio dictador, uno dispuesto a doblar la rodilla y que no alimente los intereses de sus rivales, pero sin el control de los recursos y la lealtad de los esenciales no hay mucho que hacer, la única herramienta que les queda es la violencia y si los líderes de las potencias rivales necesitan de estos recursos para ejecutar los planes con los que recompensan a sus propios esenciales, entonces no les quedará de otra, más que protegerlos por la fuerza y al final la vida de intercambiables, esto es, millones de personas de carne y hueso con sus propias esperanzas, sueños, anhelos y seres queridos, se vean amenazados por las exigencias de unos burócratas corruptos por un lado y unos banqueros extranjeros por el otro. Todo para poder mantener en el poder a un dictador, para que personas que no viven ahí sigan ejecutando sus planes económicos y poder influenciar en los votantes de su país. ¿Y la voluntad de la gente? Bien, gracias.

7

Nadie está en control

Hasta el momento, hemos hablado del poder como si emanara de un punto fijo y quizá eso era verdad en la época medieval cuando había un rey, una corte y un contrato social firmado en sangre. Sin embargo, en los últimos siglos el poder ha sufrido y experimentado una gran transformación. Puedes notarlo en tu vida diaria, ¿cuál es tu verdadera interacción con el poder? ¿Cómo te afecta todos los días? ¿En tus conversaciones diarias con el presidente de tu país?

Cuando escuchamos poder, nos imaginamos policías, una bota en el cuello, pero si el Estado debe de ejercer la fuerza para imponer su autoridad, ¿realmente está en control? El verdadero poder es invisible y lo obedecemos todos por voluntad propia.

Está mañana cuando te vestías para salir a la calle, jamás te pasó por la mente ir desnudo ¿sabes por qué? Porque no es normal. Vas a la escuela, tienes un trabajo, pagas impuestos, eres un buen ciudadano, entregas tu información personal a un sitio web y después compartes ahí todos los detalles de tu vida cotidiana, ¿por qué? Pues porque la sociedad en la que vives y la gente a tu alrededor te dijeron que esto es –normal- y tú lo aceptaste. A esto le llama Michel Foucault: Poder Normalizador.

Todas nuestras acciones y decisiones ocurren dentro de un marco de conocimiento y un círculo social que dictan nuestra visión del mundo, aun, si eres un poderoso general decidiendo el destino de millones, todas estás decisiones dependen de la idea del mundo en el que crees vivir.

El poder, el verdadero poder, es omnipresente, invisible, increíblemente difuso, es algo que opera en todos los niveles de la sociedad, es una red inestable que fluye en todas direcciones y desde todos sus puntos al mismo tiempo. El poder sucede entre tú y tus maestros, tu terapeuta, tus amigos, tu familia y los extraños que te juzgan en público, cuando tú defines que es normal para alguien más, estás ejerciendo tu poder. Cuando aceptas la normalidad que se te impone alguien más ejerce su poder sobre ti, es tan cotidiano que la mayoría de la gente no lo nota actuar sobre ellos, lentamente moldeándolos en buenos ciudadanos, buenos vecinos, buenos amigos, modelos internalizados que voluntariamente seguimos para adaptarnos a lo que los medios de comunicación, las películas, los influencers y la gente a nuestro alrededor nos dice que debemos ser.

Para Carl Jung, la persona es nuestra máscara social, es un compromiso entre el individuo y la sociedad sobre lo que significa ser humano. Él toma un nombre, él tiene un título, él representa una oficina, él es esto o aquello. En un sentido esto es real, pero en relación con la individualidad esencial de la persona, esto es solo una realidad secundaria, un producto del compromiso en el que otros influyen más que él mismo.

Foucault no es tan optimista, para él, no existe está individualidad esencial. "el individuo no es una identidad independiente, capturada por el ejercicio del poder. El individuo con sus características es el producto de una relación de poder ejercida sobre cuerpos, multiplicidades, movimientos, deseos y fuerzas."

No hay una prisión o método de tortura que haga, lo que nosotros estamos dispuestos a hacernos nosotros mismos con tal de ser –normales-. Incluso reyes y gobernantes están tomando decisiones todo el tiempo, creen que ellos están al control, pero cuando controlas el discurso que rodea un comportamiento, controlas el comportamiento mismo. Entonces, ¿Quién controla ese discurso? ¿A quién debemos revocar? Ese es el problema. No hay nadie a cargo. Ojalá fueran ciertas las conspiraciones, de Goldman Sachs, el gobierno de EE.UU., la Iglesia Católica, los Iluminati y todos aquellos que se creen dueños del mundo, así podríamos modificar el control. Sin embargo, todos ellos están preocupados y alarmados por la inestabilidad en este nuevo mundo que creamos todos los días, porque creen que ellos están al mando, creen que nos estamos metiendo con su propiedad privada, pero todos juntos cabalgamos en la misma oscuridad, solo el caballo conoce el rumbo y a cada galope acelera. Todos los días existen grandes avances en nanotecnología, robótica, genética, medicina, inteligencia artificial y otras cien sorpresas cociéndose a fuego lento. Y cualquier gran avance en cualquiera de estos campos cambiará para siempre el balance de poder global. En el terreno social, todos los días luchamos por imponer nuestra visión de normalidad sobre los demás, por transformar a la sociedad dentro de lo que se considera normal o no.

Yo entiendo, el fin es muy noble. Lucha todo lo que puedas y quieras contra el poder, pero recuerda que no está en los individuos si no, en su visión del mundo y eso lo construimos todos juntos. Si un día llegas a derrumbar todas las narrativas que nos gobiernan. Ten cuidado con aquellas que renacerán de sus cenizas.

Donde haya seres humanos, habrá poder. Nuestra esperanza es construir una normalidad que funcione para todos. Ya decía Nicolás Maquiavelo en su obra El Príncipe, "ya que el amor y el odio, difícilmente pueden convivir, es mucho más seguro ser temidos que ser amados." Por otro lado, la seguridad es para los cobardes. ¿Quién quiere vivir en una sociedad fundada en el miedo? ¿Quién quiere una sociedad donde lo normal sea el odio mutuo? Todos somos víctimas del mismo sistema y si no puedo amar a mi prójimo, al menos trataré de mostrarle compasión. No podemos controlar el futuro, pero si podemos influir en él. Dale lo mejor que puedas y deja que el caballo haga el resto.

Si aun así, insistes en gobernar, si insistes en imponer tu voluntad sobre la del resto del mundo. Si eres de esos individuos que se creen más listos que la voluntad colectiva de la humanidad, te tengo buenas noticias para ti, malas para el resto del mundo. Porque el poder represivo tiene un as bajo la manga, una última herramienta, algunos dirán que es la primera que tuvo… La guerra.

Sin embargo, Boris Gorvachevski que peleó en las peores calles de batalla escribió más tarde: "la guerra es una tragedia, la guerra no es solo hazañas y batallas heroicas como yo imaginaba. La guerra es también la lucha diaria de un hombre atrapado en condiciones insoportables, es sangre, mugre y sudor, es la vida en circunstancias extremas, la guerra borra los límites entre el bien y el mal, hace que el más sagrado y precioso regalo, la vida humana, sea inútil."

Sabemos de manera empírica que, no todo es oscuridad, debemos enfocarnos en cómo millones de desconocidos y extraños de todo el mundo se muestran afecto, gratitud, con sus productos y servicios. Si lo que buscas es esperanza, que más pruebas quieres de la hermandad y generosidad que nos une a todos como humanos. Agradezco a todos los individuos que junto conmigo colaboran en una sociedad, trabajando para brindar bienestar y confort a un nivel personal, familiar, municipal, estatal, nacional y trasnacional. Quizá nunca podré pagar su generosidad, pero lo intento.

www.ingramcontent.com/pod-product-compliance
Lightning Source LLC
Chambersburg PA
CBHW030558220526
45463CB00007B/3109